D'après Jim Davis

GARFIELD & Cie

SOS, SOURIS EN DÉTRESSE !

D’après la série télévisée Garfield & Cie,
développée par Philippe Vidal, Robert Réa et Stève Balissat,
adaptée de la bande dessinée de Jim Davis publiée en France par Dargaud.
Une production DARGAUD MEDIA. Avec la participation de france**télevisions**,
avec le soutien du Département de la Charente, de la Région Poitou-Charentes
et en partenariat avec le CNC.
Histoire originale de Mark Evanier («Un régime au poil»).
www.garfield-et-cie.com

Novélisation : Arnaud Huber.
Conception graphique : Valérie Gibert et Philippe Sedletzki.

Hachette Livre, 43 quai de Grenelle, 75015 Paris.

D'après Jim Davis

GARFIELD & Cie

SOS, SOURIS EN DÉTRESSE !

hachette
JEUNESSE

LA PARESSE, ÇA CREUSE. CE N'EST DONC PAS SA FAUTE SI GARFIELD EST LE CHAT LE PLUS FAINÉANT ET LE PLUS GLOUTON DE L'UNIVERS. D'APRÈS LUI, IL EST AUSSI LE PLUS INTELLIGENT. LA PREUVE ? IL PARLE ! SURTOUT DE LUI. ÇA TOMBE BIEN : IL LUI ARRIVE TELLEMENT D'AVENTURES QU'IL VAUT MIEUX QU'IL PUISSE VOUS LES RACONTER…

MOI, GARFIELD

MA DEVISE DANS LA VIE, C'EST "MOI D'ABORD !" ON PEUT LE DIRE, JE SUIS UN GROS ÉGOÏSTE. ENFIN, DISONS QUE JE NE PENSE QU'À MANGER (DES LASAGNES) ET À DORMIR (LE PLUS LONGTEMPS POSSIBLE). POUR ENTRETENIR MON BEAU PELAGE ORANGE RAYÉ NOIR, JE FAIS AUSSI UN PEU D'EXERCICE : JE REGARDE LA TÉLÉVISION... ET MÊME SI, AU FOND, JE LES AIME BIEN (MAIS NE LE RÉPÉTEZ PAS, J'AI UNE RÉPUTATION DE CHAT MÉCHANT À TENIR), J'ADORE TAQUINER MON MAÎTRE ET SON CHIEN...

JON

CE QUE J'APPRÉCIE CHEZ MON MAÎTRE, C'EST QU'IL EST PLUTÔT CALME. CE QUE J'AIME MOINS, C'EST QU'IL PASSE UN PEU TROP DE TEMPS À LA MAISON. IL VOIT BIEN LIZ, MAIS IL FAUDRAIT QUE ÇA DEVIENNE UN PEU PLUS SÉRIEUX ENTRE EUX POUR QUE J'AIE LA PAIX...

ODIE

SI JE SUIS LE CHAT LE PLUS INTELLIGENT AU MONDE, ODIE EST SANS AUCUN DOUTE LE CHIEN LE MOINS FUTÉ. J'EN PROFITE POUR L'EMBÊTER. QUI AIME BIEN CHÂTIE BIEN ! MAIS SON VRAI PROBLÈME, C'EST QU'IL NE SAIT PAS PARLER. DU COUP, IL PASSE SON TEMPS À FAIRE DES CÂLINS BAVEUX AVEC SA LANGUE. ET ÇA, C'EST DÉGOÛTANT.

LIZ

MON MAÎTRE, JON, EST AMOUREUX DE LIZ. C'EST NOTRE VÉTÉRINAIRE, À MOI ET À ODIE. ELLE EST SYMPA. SAUF QUAND ELLE NOUS FAIT DES PIQÛRES POUR NOS VACCINS. MAIS PARCE QU'ELLE POURRAIT ME DÉBARRASSER DE JON UN PEU PLUS SOUVENT, JE SUIS PRÊT À JOUER LES CHATS MODÈLES POUR LUI PLAIRE...

SQUEAK

LES SOURIS ET MOI, C'EST UNE LONGUE HISTOIRE. JE FAIS SEMBLANT DE LES CHASSER POUR QUE JON CONTINUE DE ME NOURRIR, MAIS EN MANGER, BEURK ! MÊME PAS EN RÊVE... IL Y EN A QUAND MÊME UNE QUI VIT À LA MAISON. JE L'AI APPELÉE SQUEAK. C'EST UN BON COPAIN. ET IL EST PRESQUE AUSSI MALIN QUE MOI. J'AI DIT "PRESQUE".

CHAPITRE 1

INSPIREZ, EXPIREZ !

Jon est sorti. Les oiseaux chantent. Le soleil brille. Comme toujours : il fait beau ! Vous avez déjà remarqué ? Il ne pleut jamais dans mes aventures. Pas une seule goutte ! La seule fois où il a plu, c'est quand nous avons passé le week-end dans une maison hantée. Il y avait de l'orage et des éclairs. Mais c'était juste pour l'ambiance. Celui qui raconte mes histoires doit vivre dans le désert. À moins qu'il déteste vraiment la pluie.

Je ne vais pas m'en plaindre, évidemment ! Je suis tranquillement allongé dans le jardin. J'ai mis mon chapeau de paille et mes lunettes de soleil, et j'ai préparé ma spécialité : un sandwich à cinq étages. Un étage toutes les demi-heures pour patienter entre le déjeuner et le goûter. Odie, juste à côté de moi, se tient prêt à me rapporter des glaçons dès que mon verre de deux litres de limonade se réchauffe trop. Il n'y a pas à dire, quand il s'agit de ne rien faire, je suis le meilleur.

— Ça, Odie, c'est ce que j'appelle un après-midi parfait !

Enfin, presque parfait. Question goûts et couleurs, je suis obligé de supporter ceux de Jon, et c'est pas joli, joli. Le parasol est rouge et blanc, le transat sur lequel je suis installé est rose et marron, et la petite table de jardin, où sont posés mon sandwich et mon verre de limonade, est verte. Je récapitule : rouge, blanc, rose, marron, vert. Rien qu'à le lire, ça fait mal aux yeux, non ? Que voulez-vous ? Il paraît que les goûts et les couleurs, ça ne se discute pas. Je serais pourtant d'avis que Liz, ou n'importe qui d'autre, prenne sérieusement le temps d'en discuter avec Jon. Sans ses chemises, ses cravates et tout le reste, le monde serait beaucoup plus beau.

Heureusement pour moi, tout ce que j'ai à faire pour l'instant, c'est rester allongé et m'adonner à l'une des choses que j'aime le plus au monde : observer les autres faire du sport ! Et tenter de comprendre à quoi ça sert…

Devant moi s'activent en effet Squeak et ses copines souris. Elles sont entraînées par leur cousin, Biff, une souris tout en muscles. Ses oreilles et son museau sont exactement comme ceux de ses congénères, mais ce sont leurs seuls points communs. Biff fait deux fois leur taille, ses bras sont aussi

gros que des saucisses et il est si large d'épaules qu'on dirait une pyramide à l'envers. Ou une part de pizza à pâte épaisse. Si vous l'entendiez sans le voir, vous auriez vraiment du mal à croire qu'il s'agit d'une souris.

— Le sport, ça nous fait du bien, entonne-t-il d'une voix aussi rauque que celle d'un bulldog enroué. Une souris, ça s'entretient. Allez : un, deux ! Un, deux ! poursuit-il à un rythme effréné pendant que ses élèves enchaînent pompes et abdominaux. Inspirez, expirez ! Inspirez, expirez !

Un vrai sergent instructeur de l'armée ! Même moi, je suis à

ses ordres. J'inspire la limonade, j'expire dans mon verre. Le bruit de l'air qui se transforme en petites bulles à la surface du soda m'amuse toujours autant. Je suis sûr que vous aussi ! Mais ne le faites pas trop. Ça énerve les adultes et, après, on va dire que c'est moi qui vous encourage à faire des bêtises. On arrêtera de raconter mes aventures, vous serez tristes et je serai obligé de manger des croquettes pour chat.

— Euh… On pourrait faire une pause de plusieurs mois ? demande Squeak, visiblement épuisé.

Je compatis. Enfin, juste l'espace de quelques secondes, le temps qu'Odie aille rechercher un peu de mayonnaise pour mon sandwich.

— Arrête ton cinéma, Squeak ! hurle Biff. Au sol ! Et fais-moi vingt pompes !

— Oooh ! Tu devrais être moins dur avec eux, lui glisse à l'oreille sa petite amie, qui vient d'arriver.

— Il faut qu'ils soient en forme pour pouvoir se défendre, Émilie, explique Biff. Imagine qu'un chat débarque.

— Justement, il y en a un dans le jardin.

— Ah, ah, ah ! Non, je ne parlais pas de Garfield. Lui, c'est notre ami, précise-t-il en me faisant coucou. Il est inoffensif.

Les lasagnes et les pizzas ne sont pas du même avis.

— Je ne parlais pas non plus de Garfield, s'affole Émilie. Je voulais dire : luiiiiii !

Lui, c'est Bruno. Il vient de surgir au coin de la maison, juste à côté de la gouttière. Toutes griffes dehors, le poil en désordre, les dents acérées, il se pourlèche les babines. Et il a l'air bien décidé à dévorer toutes les souris.

CHAPITRE 2

UN ENTRAÎNEMENT SUR MESURE

Panique chez les souris ! Elles courent dans tous les sens. Seul Squeak a la bonne idée de se cacher au fond de la fontaine en pierre. Squeak est vraiment la plus intelligente de toutes les souris. Ce n'est pas par hasard s'il est mon ami. Pour ce qui est d'Odie, je n'ai pas vraiment eu le choix. À part Jon, personne d'autre ne voulait de lui. On dit souvent que les grands esprits se rencontrent. Apparemment, ça marche aussi pour les tout-petits.

— Oh, oooh ! dis-je à Odie. Maintenant, on va vraiment rigoler.

Vous me trouvez lâche et insensible ? Vous n'avez pas tout à fait tort. « En cas de danger, les chats et moi d'abord », c'est ma devise. Mais ne vous inquiétez

pas ! Parmi tous mes amis, Biff est incontestablement le plus costaud. Et vous allez en avoir la preuve.

— Allez ! Que le spectacle commence !

Ça va barder pour Bruno. Biff s'avance vers lui d'un pas déterminé. Il lui tapote le bout des griffes. Le chat baisse les yeux, intrigué.

— Mmm... Je vais me régaler, dit-il en regardant Biff.

Tu ne crois pas si bien dire. Tu vas déguster même.

— Dis, la souris, t'as pas peur de moi ? ajoute Bruno, ne sachant visiblement pas à qui il a affaire.

Biff attrape aussitôt Bruno par les coussinets. Il le soulève comme s'il s'agissait d'une vulgaire tranche de fromage, lui fait réaliser un arc de cercle au-dessus de lui, avant de l'aplatir comme une crêpe, face contre terre. Bruno voulait mordre à pleines dents un assortiment de souris, il a finalement mordu la poussière. Mais j'espère qu'il va se relever, ce serait dommage que le spectacle s'arrête déjà. Pour une fois que je suis aux premières loges. Et puis il me reste un peu de limonade.

Bruno, pourtant sonné, finit par se relever et revient à la charge. La faim rend stupide. C'est pour ça que je mange tout le temps !

Malheureusement pour Bruno, heureusement pour la beauté du spectacle, Biff l'attrape par une patte et lui fait enchaîner une longue série de mouvements d'essuie-glace entre le sol et… le sol. *Pif, paf, pif, paf !* On dirait une balle de ping-pong qui rebondit. Sauf que la balle, c'est Bruno.

Finalement, Biff le lance dans les airs. Le pauvre atterrit directement dans la benne à ordures qui est en train de passer dans la rue. Très beau final ! Sur une échelle de un à dix, je donne dix à Biff.

— Pour Biff, hip, hip, hip…

— Hourra ! répondent en chœur les souris.

— Hip, hip, hip…

— Waf, waf !

Ça, c'est Odie. Il a du mal à aboyer les « hourras ».

— Bien joué, Biff, je le félicite aussitôt. On ne risque pas de revoir Bruno avant un bon moment ! Sauf si nos lecteurs ont envie de relire ce passage.

Enfin, vous faites ce que vous voulez... Moi, je n'ai plus de limonade et mon sandwich est définitivement terminé. J'en déduis qu'il est l'heure d'aller goûter.

— Oh, Biff ! Tu es mon héros ! s'exclame Émilie en battant des cils.

— T'es le meilleur, renchérit Squeak. Je me demande ce qu'on ferait si tu n'étais pas là.

Il faudrait compter sur Garfield pour nous protéger.

— Quoi ? s'écrie Biff. Cette espèce de gros plein de soupe de chat ?

Par mesure de sécurité pour mon corps d'athlète de la paresse, je vais faire comme si je n'avais pas entendu et me concentrer sur le contenu du réfrigérateur. Mais Biff ne l'entend pas de cette oreille et s'interpose entre moi et le frigo. Il me propose un entraînement sur mesure…

CHAPITRE 3

PAS LA PEINE DE SE FÂCHER

— Moi ? Faire du sport ? Je fais déjà de la relaxation. C'est un peu pareil, non ? Franchement, je ne sais pas où tu es allé pêcher cette idée, mais c'est à ton cerveau que tu devrais faire faire de l'exercice ! Ou à celui d'Odie, je proteste.

Un sacré challenge ! Personne n'a jamais trouvé le cerveau d'Odie.

— Faut te remettre en forme, le chat ! dit Biff. Je me charge personnellement de t'entraîner. Et gratuitement en plus.

Il ne manquerait plus que je sois obligé de payer pour faire du sport...

— Occupe-toi de tes haltères, Biff ! Laisse-moi prendre de la glace dans le congélateur !

— Pas question ! Tu veux finir comme Bruno ?

À bien y réfléchir, je n'ai pas vraiment envie de cette glace en fait. Après tout, c'est juste délicieux et rafraîchissant. Demi-tour, droite ! Oh ! Un paquet de cookies aux pépites de chocolat géantes.

— C'est exactement ce qu'il me faut.

— Teu teu teu... s'interpose à nouveau Biff, qui jette aussitôt le paquet à la poubelle. Pas de gâteaux non plus ! Tu vas faire du sport, éructe-t-il en dirigeant vers moi un doigt menaçant. Allez !

Je suis sûr que si je lui demande, il ne me laissera pas non plus lécher l'intérieur du

paquet de chips vide qui traîne près de la poubelle…

— Bon, bon, d'accord. Je vais m'entraîner. Pas la peine de se fâcher ! Je tiens à conserver tous mes os entiers…

Me voilà allongé dans l'herbe. Mais pas pour faire la sieste. Odie me maintient les pattes arrière au sol pour que je puisse faire des abdominaux. Enfin, au moins un. Que c'est dur ! Et impossible de me défiler : Biff est juste à côté de nous, pattes sur les hanches, bien décidé à faire de moi un sportif de haut niveau.

— Hop, hop, hop, hop !

répète-t-il inlassablement pour m'encourager.

— Ça y est, j'ai fini ! dis-je, parvenu au bout de mon premier véritable effort physique depuis…

Depuis quand au fait ? Je ne m'en souviens pas. Sauf si on considère que soulever des parts de lasagnes est une forme de sport. Ou le lancer de boîtes de pizza vides. Je suis très fort à ce jeu-là ! S'il s'agissait d'une discipline olympique, je collectionnerais les médailles d'or. Ce dont je ne vois pas bien l'intérêt puisque l'or ne se mange pas. Cela dit, avec une seule médaille d'or, on doit pouvoir acheter un paquet de médailles en chocolat. Mais là n'est pas la question pour l'instant : j'en ai déjà trop fait pour aujourd'hui ! Je referai de l'exercice, disons, l'été ou l'automne prochain. Ou peut-être même l'hiver. C'est mieux l'hiver, il fait plus frais. On transpire moins. Et on peut manger des marrons chauds. Et du chocolat chaud. Et…

— Garfield ! C'est pas terminé. Suis-moi tout de suite !

— Hein ?

Biff se met à courir. Sifflet en bouche : « Tri, tri, tri, tri ! » C'est insupportable, mais je suis bien obligé de le suivre si je ne veux pas finir comme Bruno.

— La course, c'est le meilleur moyen de perdre du poids, m'explique-t-il en entamant le tour de la maison. Si tu cours à un rythme régulier, tu vas fondre comme glace au soleil, ajoute-t-il

en attaquant maintenant le tour du pâté de maisons.

Laisser fondre une glace au soleil ? Mais c'est carrément criminel. Au moins, dans mon malheur, Biff a bien choisi son heure pour faire un footing : la camionnette du glacier vient justement d'arriver dans le quartier. Et elle roule juste à côté de moi. Je fais signe au chauffeur.

Comme il a l'habitude d'envoyer la facture à Jon, il n'hésite pas un instant à me ravitailler pendant que je cours. Je suis donc la preuve vivante qu'on peut courir et manger des glaces en même temps. C'est d'autant plus physique qu'il faut sauter pour les attraper au vol. Je viens d'inventer la course vanille-fraise.

— Dans quelques kilomètres, on s'arrêtera, me lance Biff, toujours devant moi.

Bonne idée.

— Pour faire des pompes, ajoute-t-il.

Oh…

— Puis on passera aux haltères et à la gymnastique. Et comme je connais ta gourmandise, tu auras droit à une récompense : un demi-radis.

Quelle générosité ! Je risque l'indigestion. En attendant, pourvu qu'il ne se retourne pas. Comme le marchand de glaces doit poursuivre sa tournée dans d'autres rues, j'ai pris un petit assortiment douze boules en cornet pour tenir le choc.

— Ensuite, on refera de la gym et puis des tractions, et...

Mince ! Il se retourne. Je n'ai pas le temps de freiner, nous nous percutons. Mon cornet douze boules s'éparpille sur le trottoir. Biff est furax…

CHAPITRE 4

JE N'AI RIEN DEMANDÉ

— Double dose de sport ! hurle Biff. Allez, remue-toi un peu !

Cette fois, c'est derrière moi qu'il joue du sifflet. Plus d'échappatoire possible ! Je suis obligé de courir la bouche ouverte tellement je suis essoufflé. Et du coup, je manque de m'étouffer tous les deux mètres en avalant des mouches. Beurk, les mouches ! Beurk, la course à pied ! Il faut absolument que je trouve une solution pour lui faire passer l'envie de m'entraîner...

Je n'en peux plus ! De retour à la maison, je tombe d'épuisement sur le tapis du salon et tente désespérément de retrouver mon souffle. Odie, le regard abattu, se tient près de moi. Pour une fois, c'est sur mon sort qu'il s'apitoie. Je dois vraiment avoir l'air en piteux état. Si Biff continue ainsi, je ne survivrai pas à cette remise en forme, et Vito sera obligé de mettre la clé sous la porte. D'après le journal, je représente quatre-vingt-dix-neuf pour cent du chiffre d'affaires de sa pizzeria. Ses futurs héritiers comptent sur moi !

— Squeak ! j'appelle mon pote, toujours dans les parages.

Les pattes derrière le dos, il tourne en rond près de moi. Il semble un peu désolé de ce qui m'arrive. Mais il pourrait peut-être m'aider ? Après tout, il connaît forcément Biff mieux que moi.

— Dis-moi, Squeak ! Ton ami Biff ne connaît pas les joies de la nourriture ultracalorique ?

— Eh bien, seulement quand il est malheureux, répond-il.

— Malheureux ? Tu veux dire : comme moi maintenant ?

— Oui. Quand il est déprimé, il mange autant que toi. Si ce n'est plus...

Voilà qui est fort intéressant. Je veux voir ça !

— Une fois, je l'ai surpris à s'empiffrer parce que sa copine l'avait quitté, poursuit Squeak. Il n'était plus que l'ombre de lui-même. Il ne faisait plus rien de ses journées, à part manger et soupirer.

De plus en plus intéressant ! Ce gros tas de muscles a donc du potentiel. Personnellement, je ne soupire jamais. C'est trop fatigant. Mais si Biff est bien un grand dur au cœur tendre, je n'ai plus qu'à trouver le moyen de lui briser le cœur…

— Tu pourrais y aller plus doucement avec Garfield, j'entends soudain Émilie réprimander Biff dans le jardin.

Toutes ces souris qui prennent ma défense : définitivement, je ne suis pas un chat comme les autres.

Je passe discrètement la tête par la fenêtre de la cuisine pour mieux entendre ce qu'ils se disent. Émilie essaie de raisonner Biff tandis que celui-ci soulève d'un seul bras un haltère au moins aussi lourd que moi.

— Il est trop gros !

Il parle de moi ou de l'haltère ?

— Il se laisse aller !

Un haltère qui se laisse aller, on n'a jamais vu ça !

— Je me dois de le remettre en forme !

Plus aucun doute possible, c'est bien à moi qu'il en veut. Mais je ne comprends pas pourquoi il se sent investi d'une telle mission. Je n'ai rien demandé ! Et puis, d'ordinaire, ne rien faire me prend déjà tout mon temps.

— Biff, dit Émilie d'une voix douce. Quand tu veux, tu peux être merveilleux. Laisse-le se reposer un peu ! Laisse-le au moins manger ses lasagnes !

Elle me plaît cette petite souris ! Elle a le sens des priorités.

— Mais non, non et non ! s'emporte Biff en lançant son haltère avec colère, comme s'il s'agissait d'une vulgaire brindille.

Vous imaginez le nombre de boîtes de pizza qu'il pourrait porter en même temps avec une telle force ? Il passe à côté d'une grande carrière de livreur. Quel gâchis !

— Garfield doit faire du sport ! poursuit-il. Je ne fais que lui rendre service.

S'il voulait vraiment me rendre service, il m'oublierait. Mais résumons : Émilie et Biff ne sont pas d'accord, et c'est à cause de moi s'ils se disputent. Voyons si je peux jeter de l'huile sur le feu en en rajoutant un peu. Oh ! vraiment juste un peu... Vous me connaissez, je fais toujours dans la délicatesse.

CHAPITRE 5

LA PLACE DU GOINFRE

J'ouvre tout doucement la porte de la cuisine. Une fois dehors, je me tiens à la poignée comme si j'allais tomber et je parle en toussant, comme si j'étais totalement à bout de souffle.

— Kof, kof, kof… Je suis prêt à reprendre l'entraînement, Biff. Kof, kof, kof…

— Regarde ce que tu lui as

fait ! s'écrie Émilie en me voyant dans cet état.

Si je n'étais pas aussi fainéant, je serais peut-être devenu acteur. Mais la simple idée d'entendre quelqu'un crier « Action ! » me fatigue.

— Bah ça alors ! Je ne comprends pas, s'étonne Biff en se grattant derrière l'oreille, gêné.

Inutile d'attendre pour le coup de grâce. Je me laisse

tomber à terre, je rampe, je grogne, je bave. On dirait une parfaite imitation d'Odie quand je lui cache son os et qu'il le cherche partout, sauf là où je l'ai caché.

— Kof, kof, kof… Tu crois qu'on peut faire des abdos dans un lit d'hôpital ? je demande, un œil ouvert, l'autre mi-clos, comme si j'allais m'évanouir.

— Ooooh, Biff ! s'indigne Émilie. Tu es si cruel ! Je ne veux plus jamais te revoir !

Émilie, les pattes sur ses yeux en larmes, s'enfuit. Mission accomplie.

— Mais enfin… Émilie, attends ! l'appelle Biff.

— Non, laisse-moi ! répond-elle en courant sans se retourner, pour échapper à celui qu'elle s'imagine être un bourreau des chats. Je vais chercher une autre maison et recommencer une nouvelle vie ! dit-elle encore, avant de disparaître au coin du jardin.

Biff tend le bras dans le vide, comme pour essayer de la retenir. En vain.

— Qu'est-ce que tu ressens maintenant, Biff ? je lui demande lorsqu'il passe à côté de moi, tête baissée et bras ballants.

— J'ai faim, murmure-t-il tristement.

Il a vraiment l'air complètement anéanti. Je ne pensais pas qu'il se mettrait dans un tel état. Vous me trouvez cruel ? Peut-être bien. Mais maintenant, je vais pouvoir passer le reste de la journée assis devant la télé en mangeant des plats bien gras. Le temps de me réchauffer une pizza surgelée pour commencer, et tout est bien qui finit bien.

Comment ? Que dites-vous ? L'histoire n'est pas encore terminée ? Nous n'en sommes qu'à la page 56 ? Pourtant, je... Aaaargh ! Biff a pris ma place dans le fauteuil. Et il a laissé par terre des traces qui ne trompent pas sur ce qu'il a fait depuis tout à l'heure. Des restes de hamburgers et de pizzas, du ketchup renversé, des gâteaux, des bonbons, du pop-corn, de la limonade, des briques de lait et même des trognons de pommes. On dirait mon lit, un lendemain de fête.

— Dis voir, Biff. Ça te dirait de te lever de mon fauteuil et d'aller faire un jogging ?

— Oh, non ! répond-il en engloutissant toute ma pizza

sans que j'aie le temps de dire « bas les pattes ».

Vous aviez raison…

— Ooooh, Émilie ! gémit-il devant une photo de sa dulcinée.

… cette histoire n'est pas terminée. Et j'ai un problème encore plus gros qu'avant. C'est le cas de le dire, car le ventre de Biff a triplé de volume en un temps record tant il a ingurgité de nourriture. Il ne risque donc plus de m'obliger à faire du sport. Je n'avais cependant pas prévu qu'il prendrait ma place de goinfre professionnel ET mon fauteuil…

CHAPITRE 6

BRUNO EST DE RETOUR

En attendant de trouver une solution pour déloger Biff de mon fauteuil, j'ai vraiment besoin de reprendre des forces. Direction le réfrigérateur ! J'ouvre la porte et un spectacle d'horreur me saisit. Non mais réveillez-moi vite de ce cauchemar : il a aussi vidé le frigo ! Biff a fini TOUS les restes de nourriture. C'est *mon* boulot, ça ! À ce rythme-là, il va

bientôt me prendre Odie et Jon. D'ailleurs, il aurait dû commencer par là. Pour ça, je l'aurais probablement remercié.

— Aaaaaaah ! Au secours !

On entend des hurlements dans le jardin. Mais que se passe-t-il encore ? Quelqu'un a vu les caleçons de Jon sécher sur l'étendoir à linge ?

— Oh non ! s'alarme Squeak,

déjà penché à la fenêtre de la cuisine. Bruno est de retour.

Mince ! C'est presque pire que la découverte des sous-vêtements de Jon. Bruno est en effet de retour, avec un grand sac en toile, qu'il semble bien décidé à remplir de souris.

— Toi, je te veux ! Et toi aussi ! dit-il en les attrapant les unes après les autres et en les enfonçant dans son sac. Miam, miam…

se réjouit-il. Elles ont vraiment l'air délicieux.

Lui au moins, il va avoir de quoi manger pour le dîner.

— Garfield ! Fais quelque chose ! m'interpelle Squeak.

Ah oui, zut ! J'oublie toujours que les souris sont mes amies. Il faut donc que j'intervienne. Être un félin civilisé n'a pas que des avantages. Et ma réputation de chat le plus fainéant et le plus égoïste du monde va encore en prendre un coup. Dès que cette histoire sera terminée, je reprendrai mon entraînement intensif pour le record de la plus longue sieste ininterrompue. En attendant que ce moment exquis arrive, je dois me rendre dans le jardin et tenter quelque chose.

— Bruno ! j'interpelle d'un ton aussi ferme que possible l'affreux matou. Repose ces souris tout de suite ! Et va-t'en de mon jardin !

— C'est toi qui vas me chasser ? répond-il en me désignant de l'une de ses griffes, plus pointues et tranchantes que des dents de requin. Il n'a pas dû se les couper depuis la fois où une autre fille que Liz avait souri à

Jon. Ce qui en vérité signifie qu'il ne s'est jamais coupé les griffes. Quand une autre fille que Liz sourit à Jon, c'est une poupée-mannequin.

En tout cas, pas le temps de réfléchir à un plan d'action pour nous débarrasser de Bruno. Et qui dit absence totale de réflexion dit… Odie !

— Non ! C'est quelqu'un d'autre que moi qui va te chasser,

dis-je en poussant mon baveux compagnon vers Bruno.

Odie, n'écoutant que son courage, ou sa totale incapacité à penser, fait de son mieux. Il court autour de Bruno en aboyant et en grognant. Sans résultat.

— Te fatigue pas, le chien ! confirme Bruno. Tu m'arrêteras pas !

Je me précipite à nouveau à l'intérieur. La notion même de précipitation étant parfaitement incompatible avec ma nature profonde, qui est de ne rien faire, je vous serais très reconnaissant de saluer comme il se doit ce nouvel effort.

— Biff ! Vite ! On a besoin de toi. Bruno est en train de capturer toutes les souris ! Allez, viens !

— Je vais faire ce que je peux, répond Biff, la voix pâteuse.

Il se met en marche à la vitesse d'un escargot asthmatique. Autant dire qu'il avance moins vite que le cerveau d'Odie. On n'est pas rendus. J'essaie de le presser.

— Dépêche-toi !

— Mais je me dépêche, là, marmonne-t-il en traînant des pattes.

Inutile d'insister. Il n'y a plus rien à en tirer.

Je ressors dans le jardin, juste au moment où Bruno attrape Odie par les oreilles et le lance dans un buisson.

— Slurp ! lâche alors Bruno en contemplant son butin.

Puis il jette sur son épaule son sac rempli de souris. À travers le tissu, on entend le son étouffé de leurs couinements de terreur.

— Je vais me faire un bon barbecue, dit encore Bruno avant de disparaître.

CHAPITRE 7

BIFF SE REBIFFE

— Mes pauvres amis ! se lamente Squeak, qui a échappé à cette terrible chasse aux souris. Biff est le seul qui puisse les sauver !

— Mais il est bon à rien ! lui dis-je. Tu as vu dans quel état il est ?

— Non.

— Eh bien, il est devenu comme moi.

En pire. C'est dire.

— Tu as raison, gémit Squeak en voyant Biff s'envoyer le dernier paquet de gâteaux. Il n'est plus bon à rien.

Squeak tape du poing dans sa patte.

— Je sais ! s'exclame-t-il. Émilie ! Elle seule peut faire quelque chose pour lui.

— Odie ! Fais marcher ta truffe pour une fois ! Il faut sauver le soldat Biff. Et pour y

arriver, il faut commencer par retrouver Émilie la souris.

Tête au sol, derrière relevé, Odie renifle tout ce que sa truffe rencontre. D'abord l'herbe où se tenait Émilie avant de partir, puis la palissade, ensuite le trottoir, avant de s'arrêter devant une poubelle. Je soulève le couvercle : un putois en sort. L'animal le plus malodorant au monde ! Merci, Odie ! On dira que c'était un échauffement. Passons aux choses sérieuses maintenant. La vie de dizaines de souris est en jeu.

Odie se dirige à présent vers une maison, la truffe assurée.

Bravo, Odie ! Nous retrouvons Émilie cachée sous la terrasse. Je passe la tête par le trou qui lui a permis de s'y faufiler.

— Oh, c'est toi, Garfield ! s'étonne-t-elle. J'ai cru que c'était encore cet horrible chat.

— L'horrible chat s'apprête à faire des grillades avec tes amis.

— Ooooh ! Mais c'est terrible ! Biff ne peut pas les sauver ?

— Il n'est plus le même depuis ton départ. Tu lui manques beaucoup ! Il ne te manque pas, à toi ?

— Ben, un peu…

— Un peu, ça veut dire oui, alors allons-y ! Il n'y a pas une minute à perdre !

Devant la maison de Jon, nous retrouvons Squeak en train de sermonner Biff.

— Il faut que tu te reprennes en main ! Nos amis sont en très grand danger !

— Que puis-je faire ? se lamente Biff. Je suis devenu beaucoup trop gros. Je ne suis plus bon à rien.

C'est là qu'Odie et moi apparaissons avec Émilie. J'adore

faire une entrée théâtrale en criant :

— Tadaaaaa !

— Émiliiiiie ! s'égosille aussitôt Biff en voyant sa petite amie qu'il pensait avoir perdue à jamais.

Je joue très vite les rabat-joie.

— Si vous pouviez écourter la scène des retrouvailles ! On a des souris à sauver !

— Tu es si... Tu es si...

bafouille Émilie en constatant le poids qu'a pris Biff.

— Il est comme moi, je coupe court tout de suite.

— Maintenant que tu es revenue, je vais redevenir moi-même, promet Biff en levant la patte.

Et c'est parti pour une séance ultra-intensive de mille abdominaux, mille pompes et presque autant de tours de maison au pas de course, tout ça en un temps record. Biff termine sa séance par un spectaculaire lever d'haltère. Enfin, l'haltère, c'est moi.

— Biff, je n'arrive pas à croire que tu aies réussi à retrouver la forme aussi vite, s'extasie Émilie.

C'est vrai, quoi. Vous imaginez ? En un paragraphe, c'est plié. Cela dit, le temps presse. En revanche, s'il pouvait me reposer maintenant…

— Où est-ce qu'il traîne ce Bruno en général ? demande Biff sans m'envoyer valdinguer au loin, ce dont je lui suis profondément reconnaissant.

— Près des voies ferrées, je crois, répond Squeak.

Je confirme et précise :

— C'est exact. À la sortie du tunnel de la gare, juste à côté de la décharge publique.

On ne se refait pas. Chat de gouttière un jour, chat de gouttière toujours.

Nous retrouvons en effet Bruno à la sortie du tunnel. Il a mis une grande marmite à bouillir et accroché son sac rempli de souris, bien fermé, à la branche d'un vieil arbre mort. Le sac gigote dans tous les sens. On les entend crier. Il faut se dépêcher avant qu'il ne soit trop tard…

CHAPITRE 8

À L'ATTAQUE !

— Le barbecue est bientôt prêt, chantonne Bruno. Vive les grillades !

En d'autres circonstances, avec du poulet ou des côtelettes de porc, j'aurais peut-être chanté avec lui. Mais, maintenant, il faut agir. Et vite !

Pour fomenter notre plan, nous nous sommes tous cachés derrière un vieux bidon d'essence malodorant, entre un

frigo abandonné et un tas de pneus usagés. Un vrai paradis par ici !

— Garfield ! Fais quelque chose, chuchote Émilie.

Oui, ben, deux secondes quoi ! Je vais établir un plan stratégique mettant en scène Odie et Squeak.

— Odie, tu vas de l'autre côté de la voie ferrée et tu aboies pour distraire Bruno. Pendant ce temps, moi, je me déguise en sac de patates et je vais me cacher au pied de l'arbre. Squeak, tout de suite après, tu joues du tambour sur le bidon d'essence pour attirer Bruno. Et pendant qu'il essaie de t'attraper, Odie me fait la courte échelle, je récupère le sac et on file à...

— Être intelligent, c'est bien, m'interrompt Biff. Mais quand il y a urgence, il faut faire preuve de courage.

C'est marrant mais je n'ai jamais trouvé ce mot dans aucun dictionnaire.

— À l'attaaaaaaque ! hurle alors Biff en chargeant à découvert.

Il est bien redevenu lui-même : une brute au grand cœur. Pour un peu, on croirait entendre sonner la trompette de la cavalerie. Avant même que Biff ne l'ait touché, Bruno hurle de terreur. Biff joue alors avec lui comme avec un ballon dans un numéro de cirque. Il le fait tournoyer, le lance en l'air, le fait rebondir sur le sol comme un ballon de basket, avant de marquer un panier à mille points en plongeant le postérieur de Bruno directement dans les braises de son barbecue. Chaud derrière !

Pendant que Biff faisait son numéro, Odie, Squeak et moi avons libéré les souris. Et alors qu'on entend encore les hurlements de Bruno, qui s'est enfui dans le tunnel, son postérieur en flammes, Émilie se précipite pour faire un énorme bisou à Biff. C'est donc une double victoire pour nous tous. Les souris sont toutes saines et sauves, et Biff et Émilie sont définitivement réconciliés.

— Tu es mon héros préféré !

s'exclame-t-elle en se jetant dans ses pattes.

— C'est grâce à Garfield ! Désolé d'avoir été aussi dur avec toi, me dit-il.

— Oh, ben, y a pas de mal. D'ailleurs je vais suivre tes conseils et commencer un nouveau programme d'entraînement. Dis, Squeak, tu veux bien m'aider ?

— Eh bien je... Heu... Oui ! Bien sûr ! Tout ce que tu voudras !

— Oh, tu verras, ce n'est rien de bien compliqué. Il suffit de savoir compter jusqu'à quatre...

Un : je lève une fourchette très, très lourde. Deux : je pique ma fourchette très, très lourde dans une part de lasagnes. Trois : je soulève la part de lasagnes. Quatre : j'avale la part

de lasagnes. Et ainsi de suite jusqu'à plus faim… Ça, c'est un entraînement sur mesure ! Avec un seul mot d'ordre : bon appétit !

FIN

ENCORE UNE ENVIE DE LASAGNES ?

TOURNE VITE LA PAGE POUR RETROUVER GARFIELD !

GARFIELD
REVIENT BIENTÔT DANS UNE NOUVELLE AVENTURE :
UNE FAIM DE FURET

Catastrophe ! Quelqu'un a dévalisé la cuisine : il ne reste plus une seule bouchée de lasagnes et le frigo est vide… La coupable ? C'est cette drôle de Mme Furet qu'Odie et moi devons garder pendant l'absence de Jon. Tout ce qu'elle nous a laissé, c'est une boîte de pâté pour chats ! Encore faut-il réussir à l'ouvrir… Et si, pour une fois, Odie avait la solution ?

TU AS DÉVORÉ TOUTES LES AVENTURES DE **GARFIELD** ?

L'ATTAQUE DES LASAGNES

C'EST LE MONDE À L'ENVERS !

ODIE EST AMOUREUX

PIZZAS EN DANGER !

QUI VEUT LA PEAU DE POOKY ?

TOUT EST BON DANS LE DINDO